Wie ist das in deiner Klasse?
Male farbig aus, was du oft erlebst.

Male einen grünen Punkt an die Stelle,
die dir in der Schule besonders wichtig ist.

Male Kleidung und Schultaschen der Kinder so an, dass man sie im Dunkeln gut erkennen kann.

Das habe ich auch schon erlebt

▶ Welche Kinder erleben etwas, was du auch schon erlebt hast? Male sie aus.

▶ Wie hast du dich dabei gefühlt?
Male in die Kreise fröhliche oder traurige Gesichter.

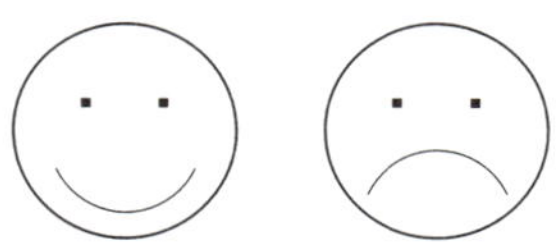

Du brauchst:
- einen Schuhkarton mit Deckel,
- Pappe,
- Transparentpapier,
- eine Schere,
- Klebstoff,
- Arbeitsblatt 5.

So wird es gemacht:
- Schneide die Figuren auf Seite 5 aus. Denke dir eigene Figuren aus.
- Klebe sie auf lange Pappstreifen.
- Schneide in den Deckel des Schuhkartons eine große Öffnung. Beklebe die Öffnung mit Transparentpapier, damit Licht hinein gelangt.
- Schneide an eine der schmalen Seiten des Schuhkartons ein rundes Loch für den Zuschauer.
- Schneide an den beiden Längsseiten Schlitze für die Figuren.

Viel Spaß beim Theaterspielen!

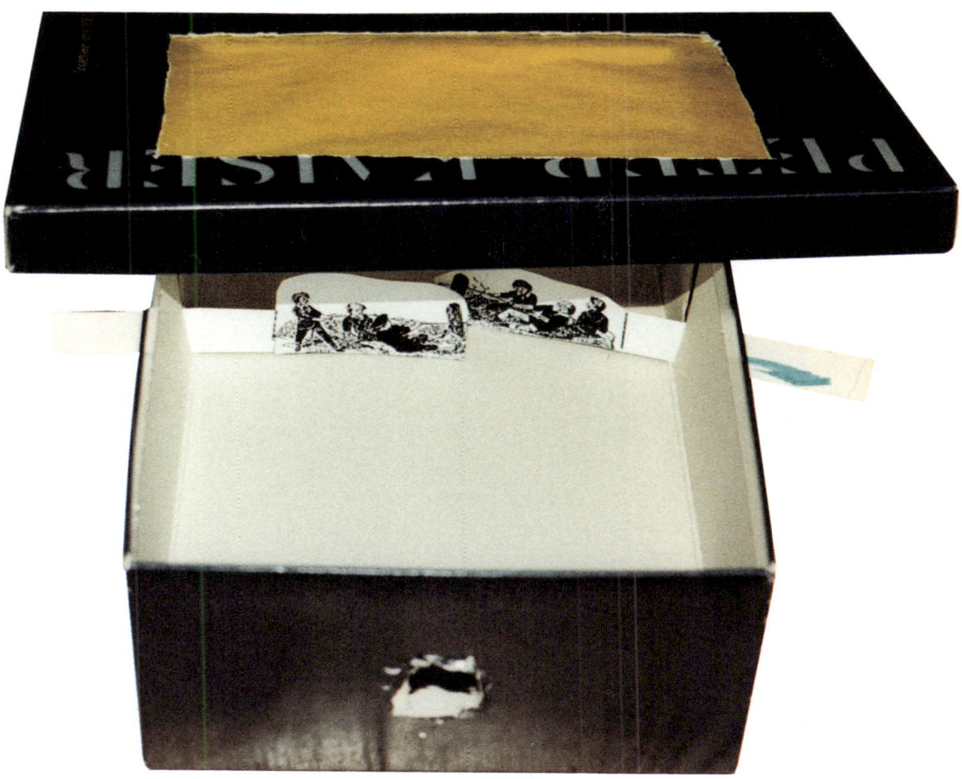

Das Bild „Kinderspiele“ malte der Niederländer Pieter Breughel vor über 400 Jahren.

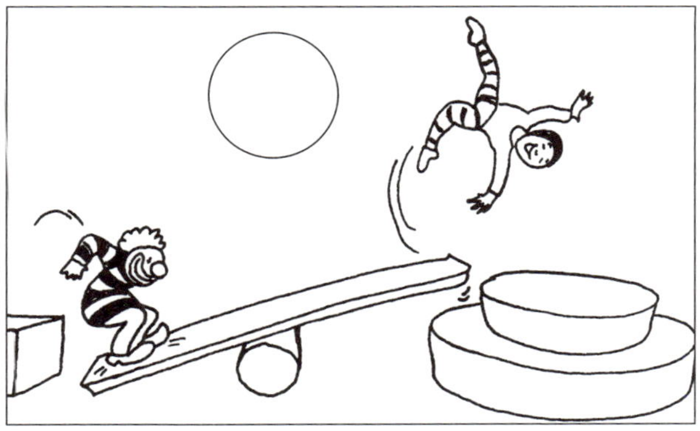

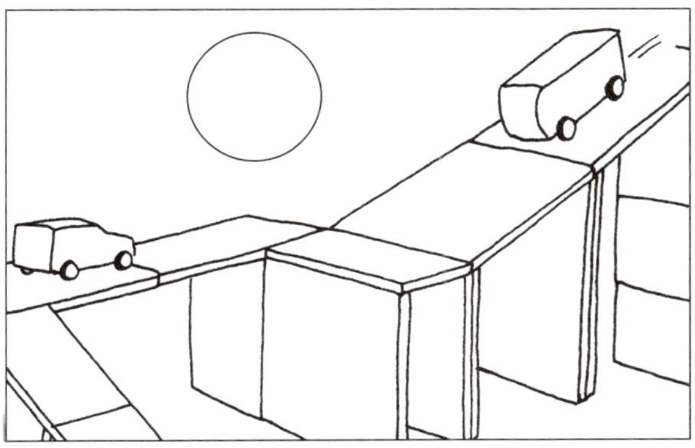

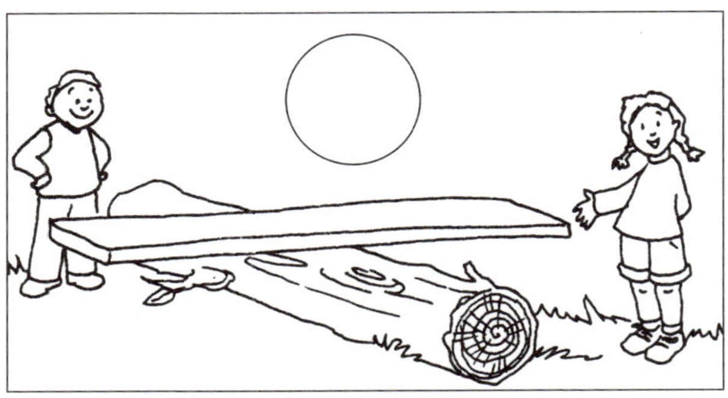

▶ Auf zwei Bildern sind keine Wippen zu sehen.
Streiche die beiden Bilder durch.

▶ Male zu den Wippen, die im Gleichgewicht sind, ein fröhliches Gesicht.

Um dir eine eigene Uhr zu basteln
brauchst du:
- ein Stück Karton (DIN A4),
- eine spitze Schere,
- Klebstoff,
- eine Musterklammer.

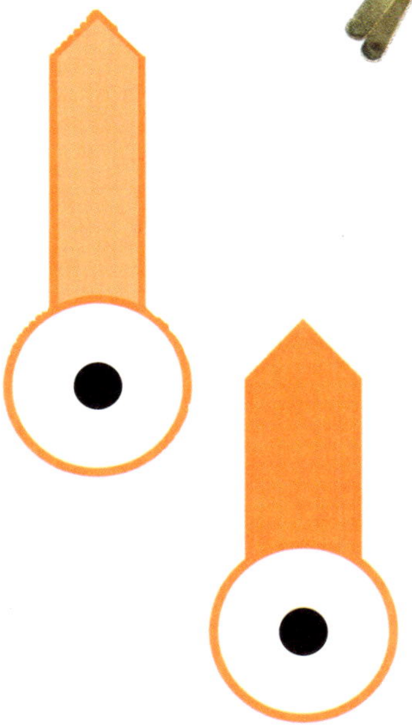

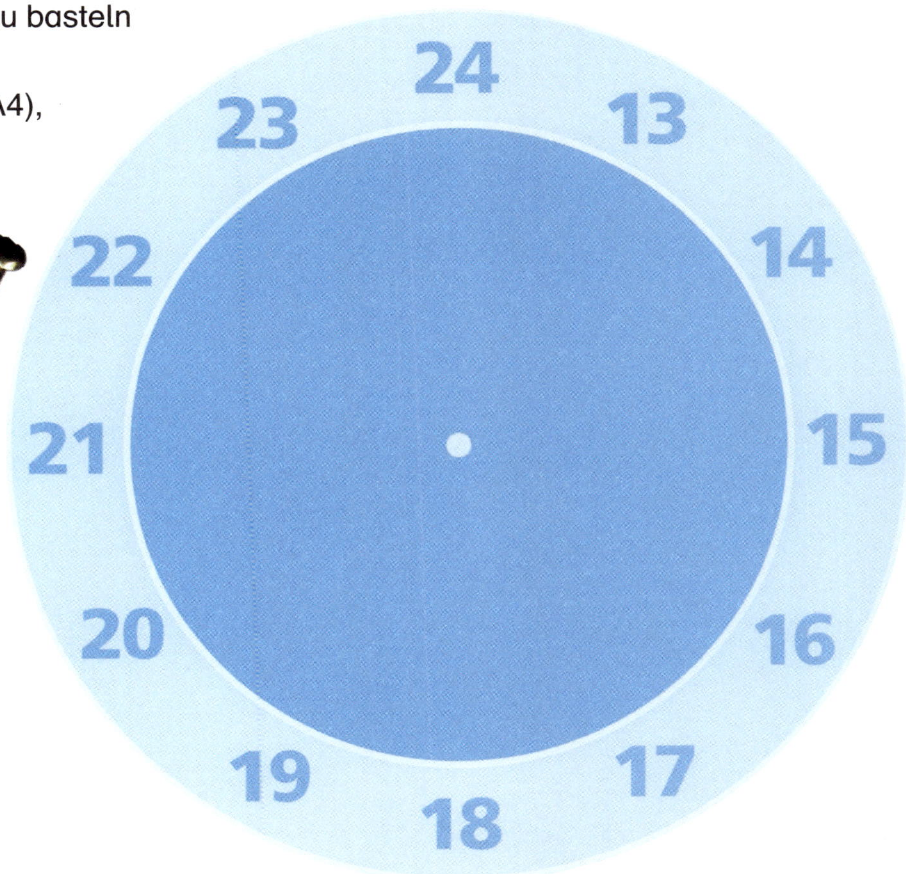

So wird es gemacht:
- Klebe dieses Blatt auf den Karton.
- Schneide Zifferblätter und Zeiger aus.
- Stich mit der Schere durch die vier schwarzen Punkte in der Mitte.
- Klebe das kleine Zifferblatt so auf das große, dass die 24 genau über der 12 steht. Die beiden Löcher in der Mitte müssen übereinander liegen. Befestige die Zeiger mit der Klammer auf den Zifferblättern.

Beobachte, wann es heute Tag und Nacht wird. Male zu jeder Zahl eine Sonne oder einen Mond.

So könnt ihr mit eurer Uhr spielen:
Ein Kind sagt die Uhrzeit,
das andere stellt danach die Uhr.

Du brauchst: Schere und Klebstoff

So wird es gemacht:
- Schneide die zwei Streifen und die fünf Kärtchen aus.
- Was tust du jeden Montag, Dienstag usw.? Male zu jedem Wochentag ein Bild.
- Knicke die beiden Laschen nach hinten und bestreiche sie mit Klebstoff.
- Klebe die beiden Streifen zu einem Reifen zusammen.
- Stecke die Kärtchen auf die richtigen Bilder.
- Drehe den Reifen jeden Morgen so, dass der heutige Tag zu dir schaut und verschiebe die Kärtchen.

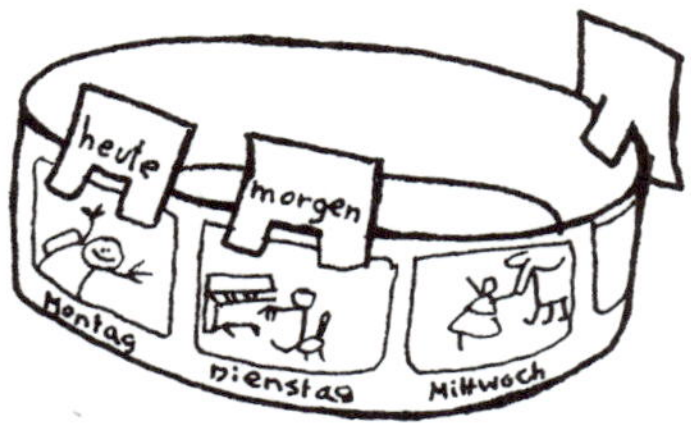

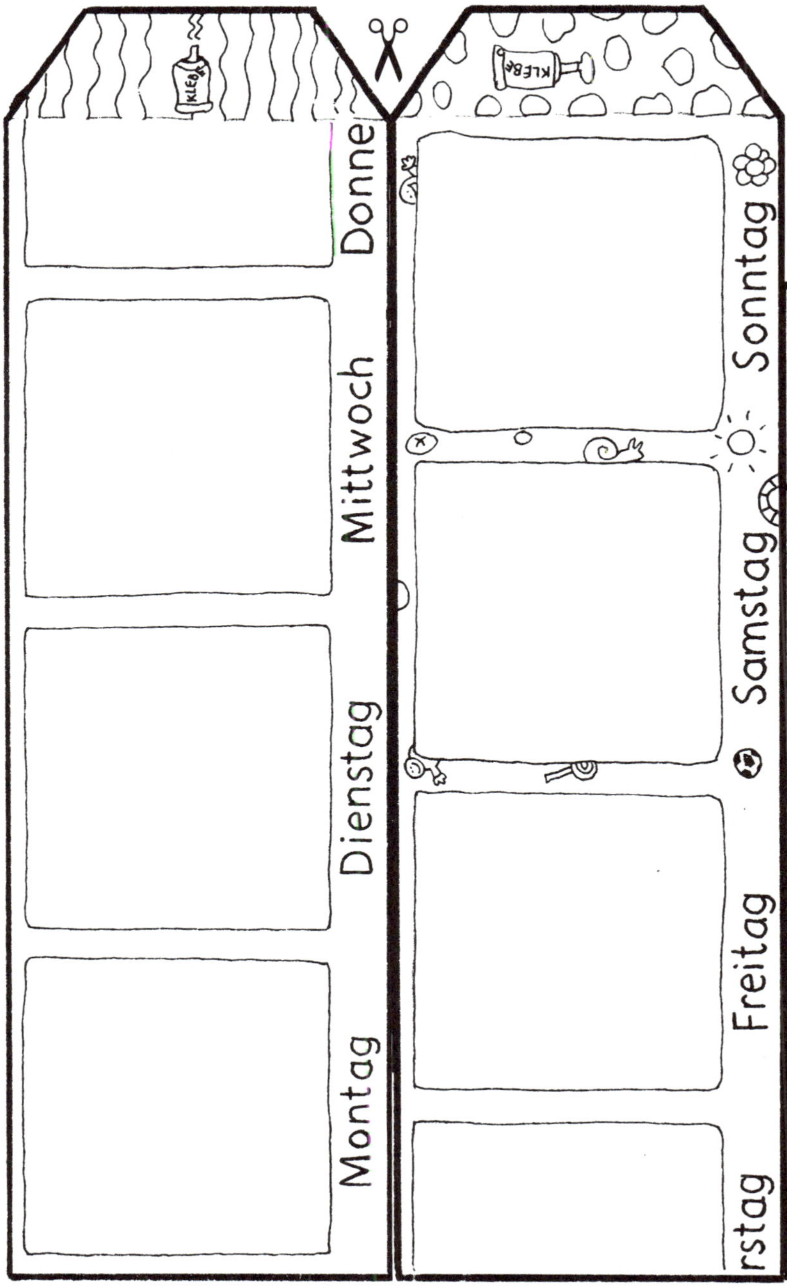

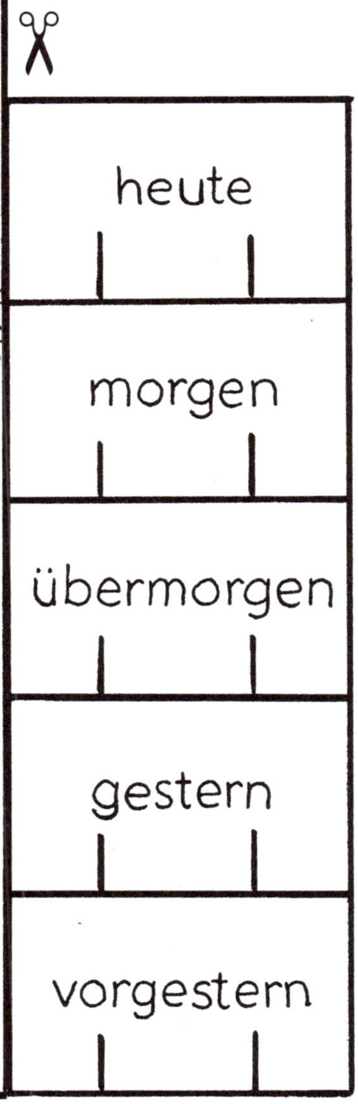

Zwerg Jakob und sein Schatten

Das ist Jakob.

▶ Zeichne seinen Schatten (Bild 2 bis 4).

▶ Zeichne die Sonne (Bild 5 und 6).

- Male oder schreibe auf den freien Platz.
  Schau nach, zu welcher Tageszeit die meisten Seiten gehören.

- Schneide die Streifen auf Seite 11 und 12 aus und klebe sie richtig zusammen.
  Knicke sie an den Strichen so, dass daraus ein Leporello wird.

- Erzähle zu den Bildern und lies die Uhrzeiten ab.

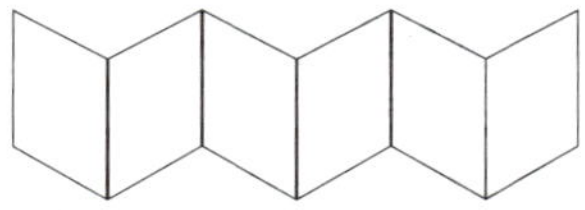

Mittag
Nachmittag
Nachmittag
Abend
Abend
Nacht

Das Tageszeitenspiel ist ein Spiel für mehrere Kinder

Ihr braucht:
- Seite 14,
- Pappe,
- Schere und Klebstoff,
- einen Würfel.

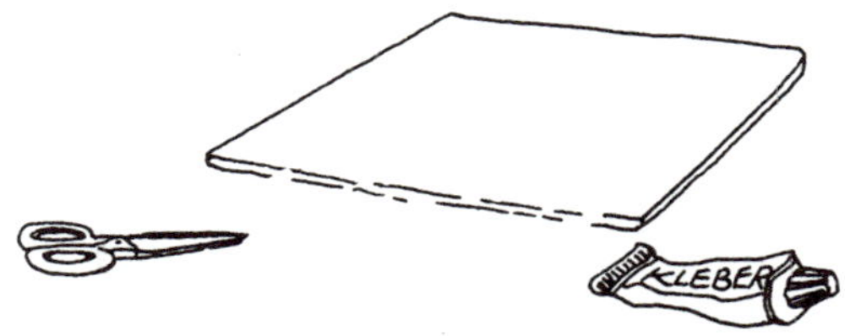

So wird es gemacht:
- Klebt die Bilder auf Seite 14 und das Würfelkärtchen auf dieser Seite auf Pappe.
- Schneidet alle Kärtchen aus.

So könnt ihr spielen:
- Legt das Würfelkärtchen offen in die Mitte.
- Legt die anderen Kärtchen verdeckt aus.
- Das jüngste Kind würfelt zuerst.
- Es sieht auf dem Würfelkärtchen nach, zu welcher Tageszeit es ein Bild suchen muss.
- Dann deckt es ein Kärtchen auf.
- Wenn das aufgedeckte Bild zur gewürfelten Tageszeit passt, darf es das Bild behalten. Wenn es nicht passt, muss es das Bildkärtchen verdeckt zurücklegen.
- Wer am Ende die meisten Kärtchen hat, hat gewonnen.

Würfelkärtchen

⚀	Nacht
⚁	Vormittag
⚂	Mittag
⚃	Nachmittag
⚄	Abend
⚅	Joker! Such dir eine Tageszeit aus!

Leben am Tag - Leben in der Nacht 1

Klebe die Bildkärtchen von Seite 16 und 17 auf Pappe und schneide sie aus.

Du kannst daraus ein Memory oder ein Domino herstellen.

▶ Schneide aus und lege aus.

▶ Prüfe und klebe auf.

So könnte dein Blatt aussehen:

Die Kinder können auf ihrem Schulweg vieles hören, riechen, sehen und fühlen.
In jedem Kreis ist Platz für vier Farben:

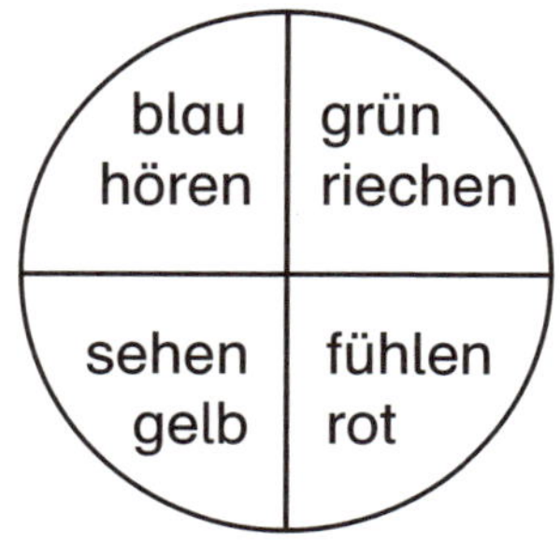

- Male die Kreise mit den richtigen Farben aus.
- Male ins Bild, was den Kindern auf dem Schulweg noch begegnen könnte.
- Male einen kleinen Kreis dazu und gib ihm die richtigen Farben.

Woraus ist das?

Auf jedem der beiden Bilder sind Dinge aus zwei Materialien.
Schreibe auf, woraus die Sachen bestehen.

A

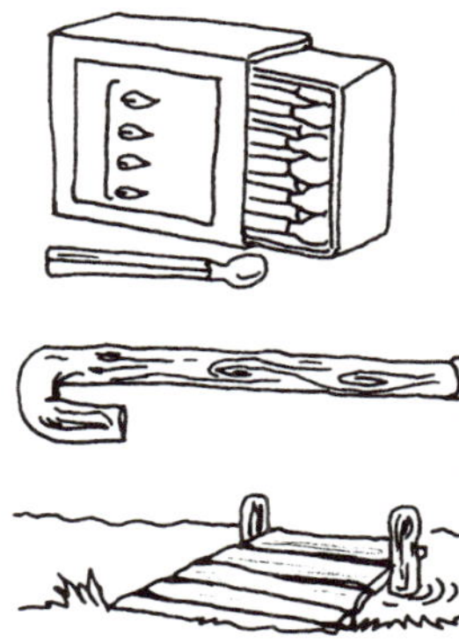

B

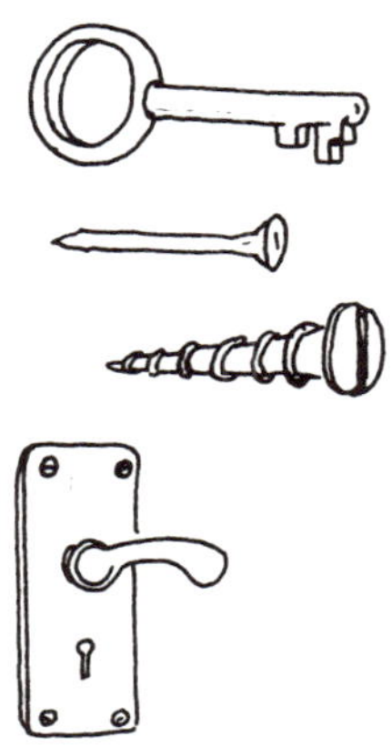

Schneide die vier kleinen Bilder aus.
Klebe sie je nach Material in die Felder A oder B.

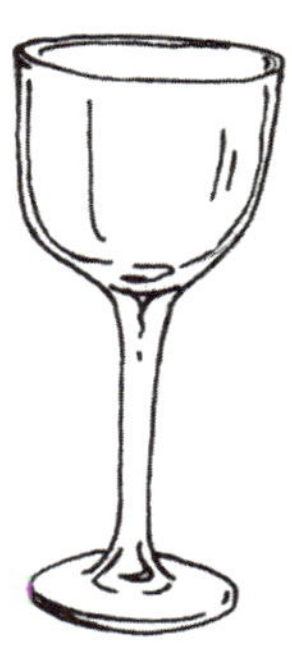

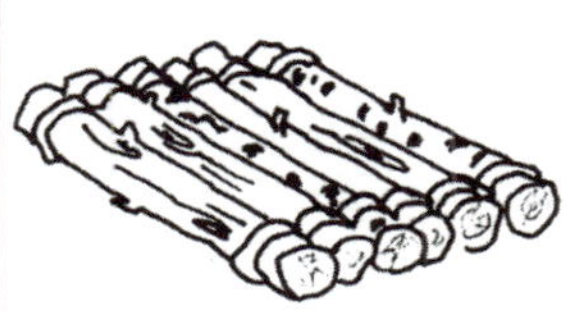

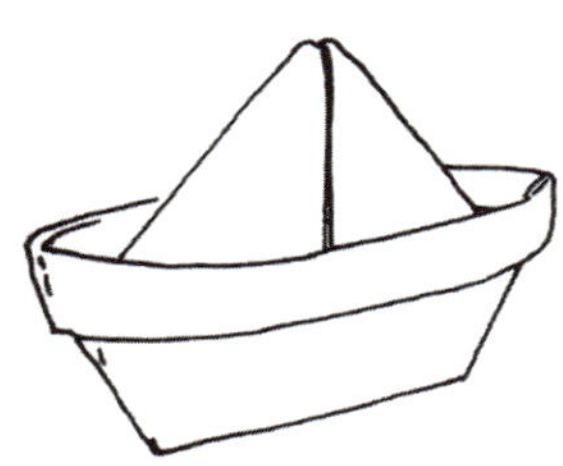

- Welche Kinder tun etwas für ihre Gesundheit?
  Male die Kreise in diesen Zimmern aus.

- Mit welchen Kindern möchtest du am liebsten tauschen?
  Male sie an.

1. Das sind meine Zähne:

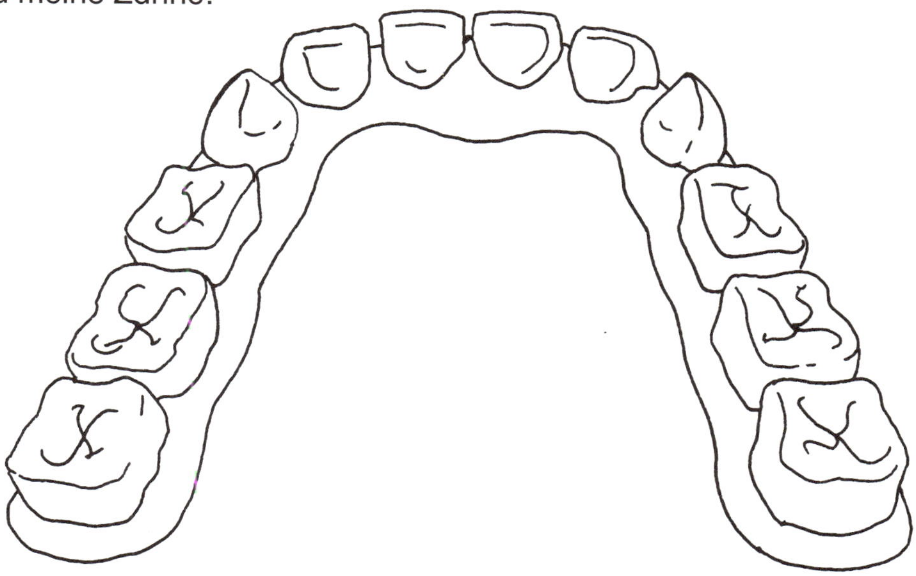

Male auf der Zeichnung alle Zähne an, die du hast:
Milchzähne gelb, bleibende Zähne rot.

Schreibe auf, welche Zähne dir fehlen.

2. Dieses Röntgenfoto zeigt einige Milchzähne
und einen von unten nachwachsenden bleibenden Zahn.

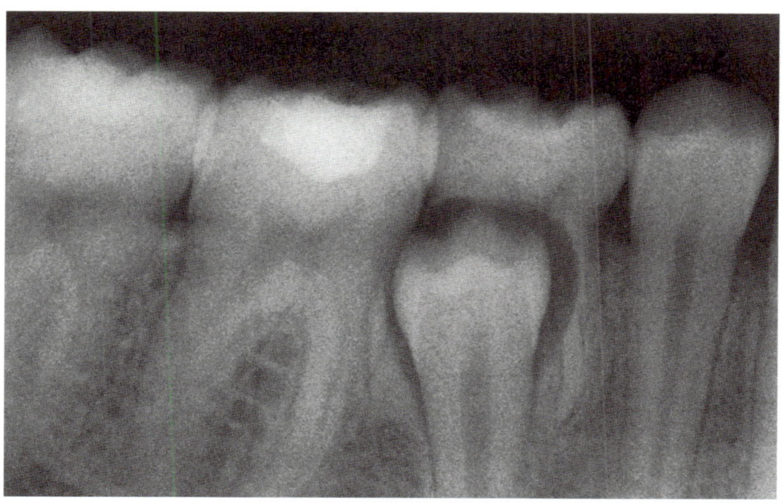

Male auf dem Bild die Milchzähne gelb an und den bleibenden Zahn rot.

		Glockenblume	Hahnenfuß
		Klee	Löwenzahn
		Schafgarbe	Wegerich
		Knäuelgras	Gänseblümchen
		Sauerampfer	Kamille

- Klebe die Kärtchen auf Pappe und schneide sie aus.
  Ordne die Namenskärtchen den Bildkärtchen zu.
- Spielt damit Memory.

Das Tagpfauenauge

- Schneide die Kreisteile aus.
- Lege sie in der richtigen Reihenfolge zu einem Kreis zusammen. Beginne mit diesem Bild.
- Klebe die Kreisteile in der richtigen Reihenfolge auf.

Tiere der Wiese

- Schneide die Bilder aus.
  Klebe jedes Bild an die richtige Stelle auf das Wiesenbild auf Seite 25.

- Klebe die Tiere von Seite 24 unten an die richtige Stelle.
- Du kennst die Wiesenblumen. Nenne ihre Namen.

Trage die Namen der Körperteile ein:

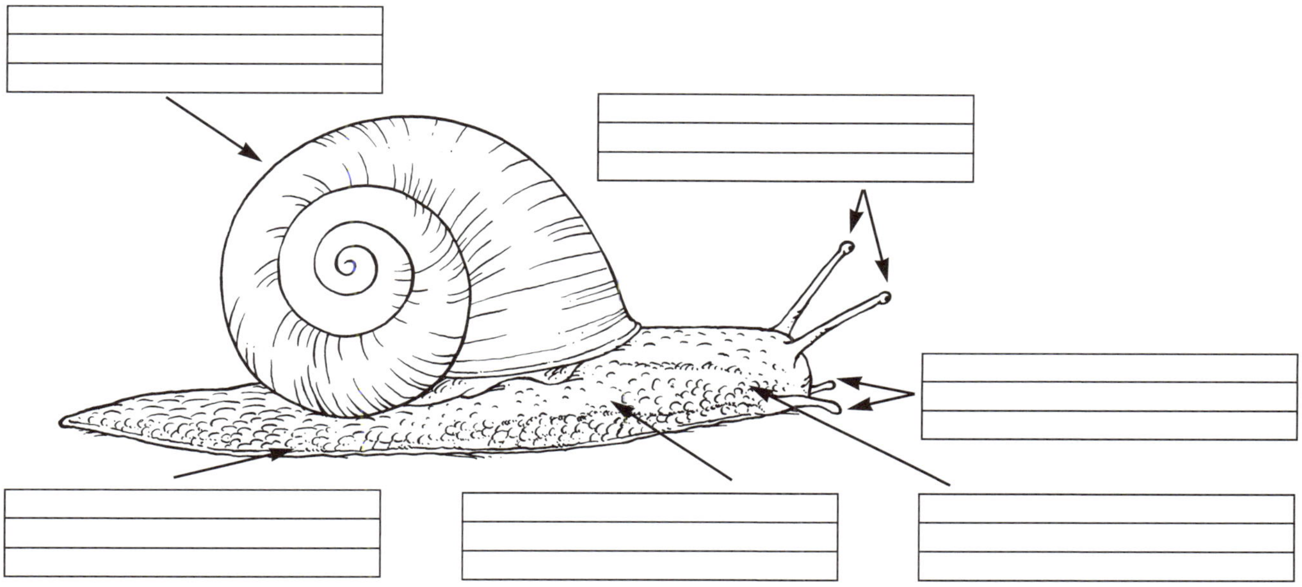

Kreuze den richtigen Satzteil an:

Schnecken brauchen	◯ feuchte Erde. ◯ trockene Erde.
Schnecken mögen	◯ Sonne. ◯ Regen.
Schnecken kriechen	◯ auf allen Vieren. ◯ auf einer Schleimspur.

Male an, was die Schnecke frisst:

▶ Male aus.

Grün: Lebewesen brauchen Luft.
Blau: Luft trägt.
Gelb: Luft wird verschmutzt.
Rot: Was Luft noch alles kann

Die **Ahornsamen** gleiten langsam zu Boden. Der Natur abgeschaut: der **Papierhubschrauber**.

- Schneide alle durchgezogenen Linien ein.
- Falte an den gestrichelten Linien so:
  Nummer 1 nach vorne
  Nummer 2 nach hinten
  Nummer 3 und 4 nach innen
  Nummer 5 nach oben
- Befestige Nummer 5 mit einer Büroklammer.

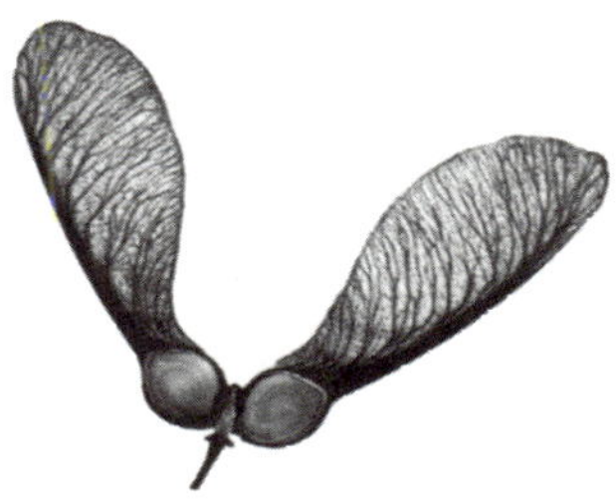

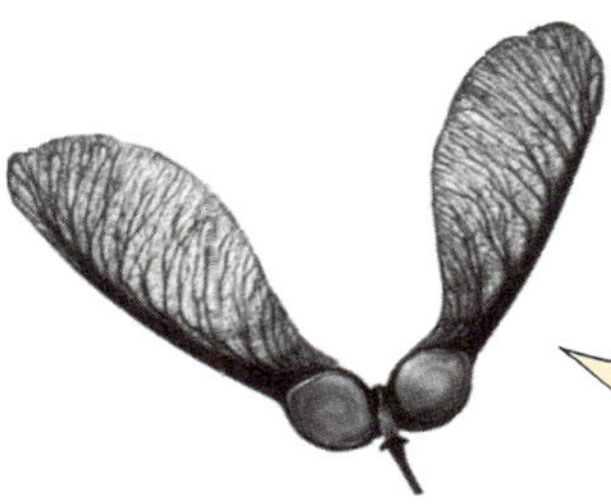

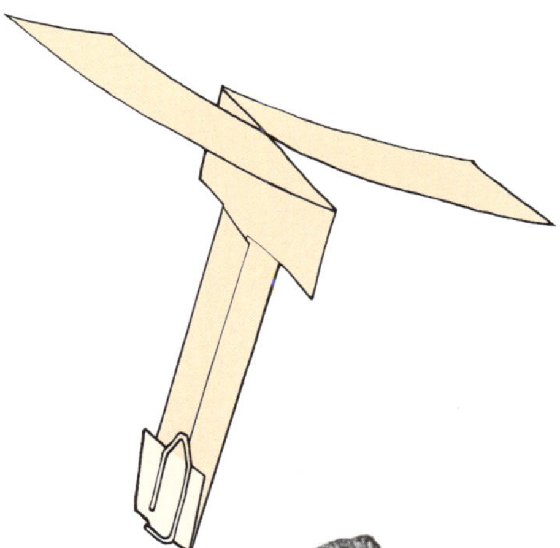

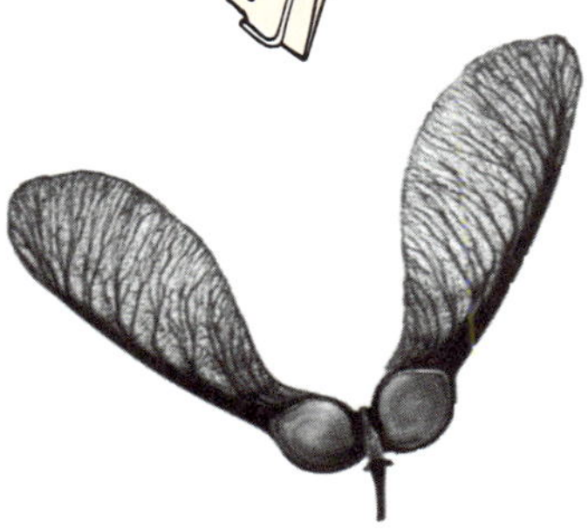

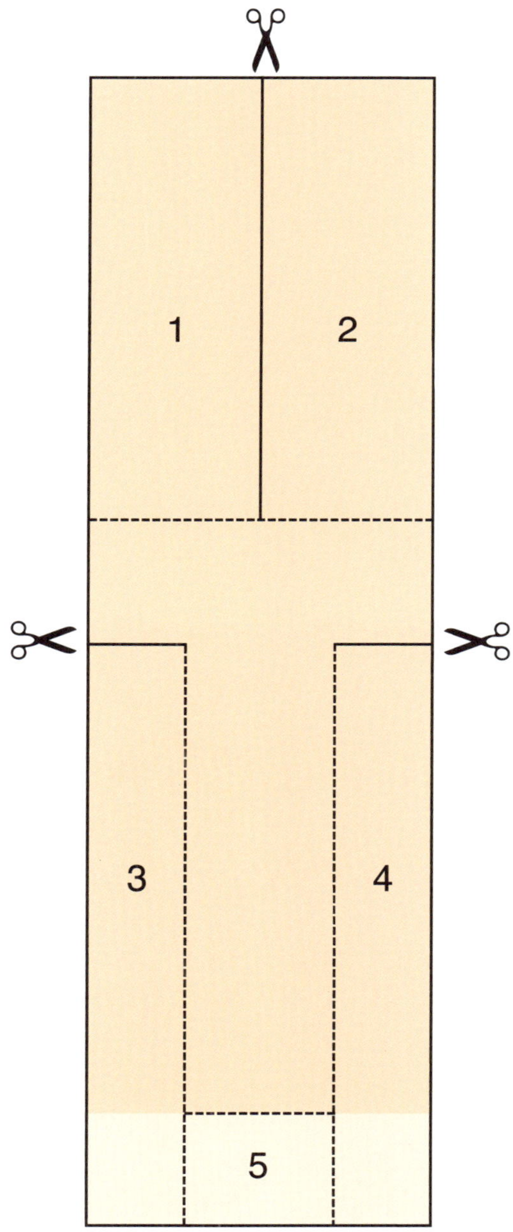

- Du brauchst:
  - verschieden lange Papierstreifen,
  - eine Schere.

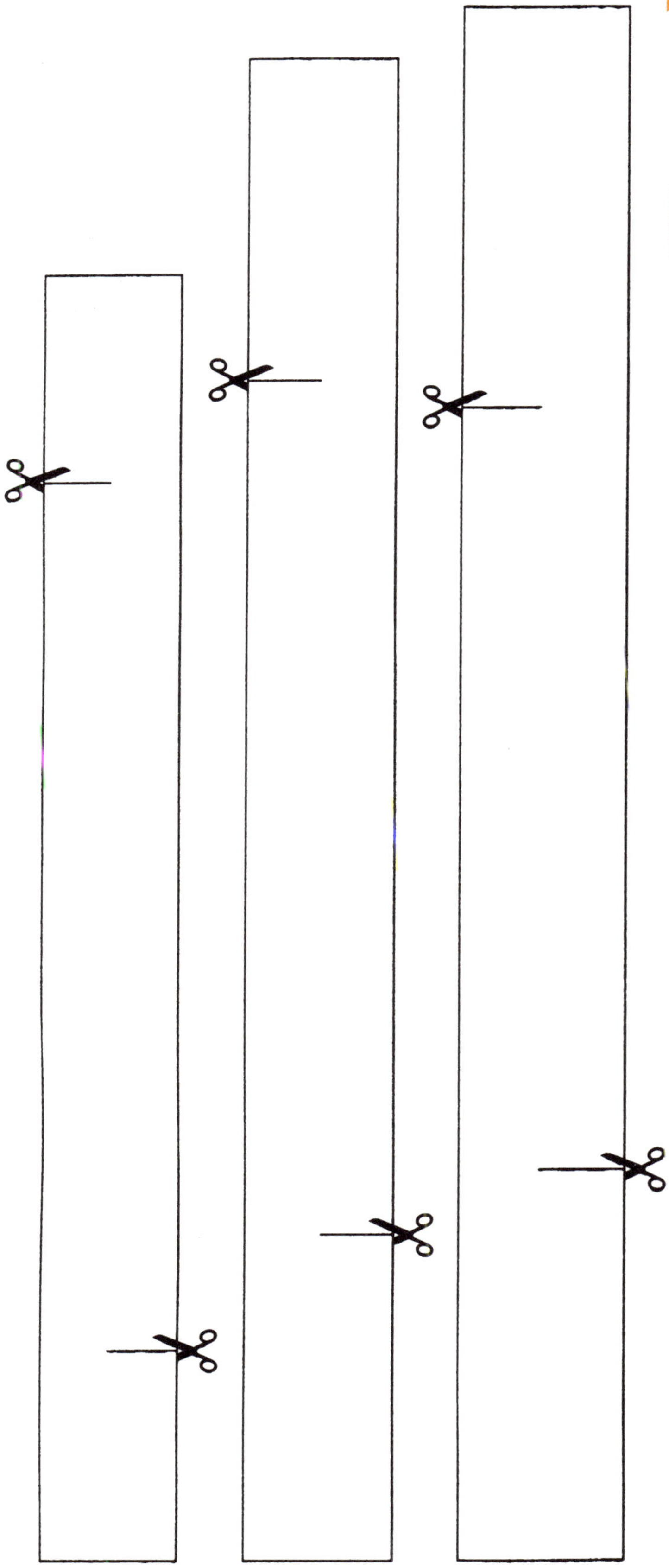

- Schneide die Streifen aus.
- So werden sie zusammengesteckt:

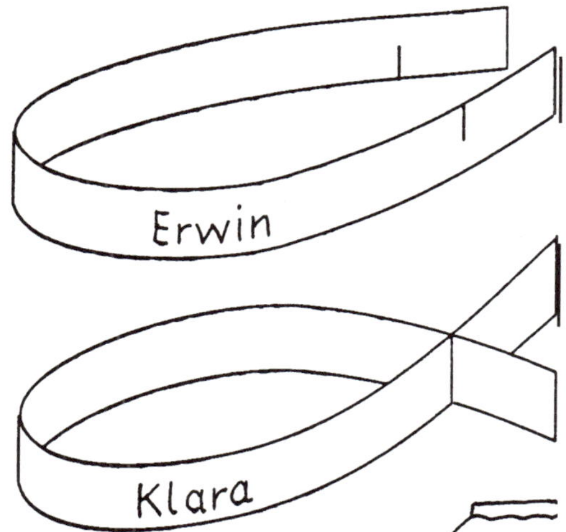

Wir beobachten das Wetter

▶ Beobachte das Wetter am Vormittag und am Nachmittag.

▶ Kreuze an:

vormittags nachmittags								
Montag								
Dienstag								
Mittwoch								
Donnerstag								
Freitag								
Samstag								
Sonntag								

Leichtsinn: Von einer Lawine verschüttet

Vier Skifahrer wurden gerettet

Glück im Unglück hatte eine Gruppe von vier Skifahrern, die am vergangenen Freitag die markierte Piste verließ. Sie gerieten in eine Lawine und wurden teilweise verschüttet. Dank des schnellen Einsatzes eines Lawinensuchtrupps mit Suchhunden konnten alle vier rechtzeitig aus dem Schnee befreit werden.

Auch für die kommende Woche besteht weiterhin Lawinengefahr.

Alle Skifahrer werden deshalb dringend gewarnt, nur die abgesicherten Skipisten zu befahren.

▶ Zeichne die passenden Wetterzeichen (siehe Seite 30) in die leeren Felder.